Sascha Mäder

Gaby Michels

# Sternenlagerfeuer

*Gedichte und kurze Geschichten*

Sascha Mäder, Gaby Michels

# Sternenlagerfeuer

*Gedichte und kurze Geschichten*

Bibliografische Information der Deutschen
Nationalbibliothek:
Die Deutsche Nationalbibliothek verzeichnet diese
Publikation in der Deutschen Nationalbibliografie;
detaillierte bibliografische Daten sind im Internet über
http://dnb.dnb.de abrufbar.

© 2020 Sascha Mäder, Gaby Michels
Lektorat und Korrektorat: Gabriele Heis

Buchblock und Layout: Sascha Mäder, Gaby Michels

Herstellung und Verlag: BoD – Books on Demand,
Norderstedt

ISBN: 9783752629132

# INHALTSVERZEICHNIS

# Texte von Sascha

Sternenlagerfeuer

Wenn ich in einer klaren Nacht die Sterne beobachte,
stelle ich mir vor, dass sie kleine Lagerfeuer sind,
an denen meine Träume und Wünsche sitzen
und sich wohl und geborgen fühlen.

## Nachtkönigin

Ich möchte mit Dir durch die Nacht gehen,
und dabei den funkelnden Himmel ansehen.
Möchte Dich halten, küssen und lieben,
bis es uns vorkommt, als würden wir fliegen.
Ich will Dir nah sein, will spüren die liebende Macht,
mit Dir, meine Königin der Nacht.

## Schneemörchen

Und wenn der nächste Schnee fällt,
werde ich Dich in meinem Herzen mitnehmen.
Wir werden im Garten die weiße Pracht bewundern
und ein paar Schritte gemeinsam gehen.
So habe ich es mir gewünscht, als Du noch lebtest.
Und weil Du für immer bei und in uns bist,
wird es so sein.

Nur noch der Schnee fehlt.
Ich liebe Dich, Moritz.

Mit Gaby

Herzstimme

Ich fragte mich lange,
warum Tiere nicht so mit uns sprechen können
wie wir Menschen untereinander.
Jetzt weiß ich warum:
Die Augen der Tiere sprechen jedes Mal mit mir,
wenn sie mich ansehen.
Das Herz der Tiere spricht jedes Mal mit mir,
wenn es ganz nah bei mir ist
und ich es in meinen Händen halte.
Tiere sprechen nicht mit Worten zu uns,
und doch sind sie uns so nah.
Man muss diese Sprache nur erkennen,
denn wenn man sie entschlüsselt, weiß man,
warum Tiere vollkommen sind.

## Herzgeschenke

Ich sehe die Raben auf den Dächern der Stadt,
bewundernswert ist ihr Federkleid,
jedes Tier hat mein Herz verdient.
Ein Hund kommt auf mich zu,
ein treuer Blick, der mich berührt,
jedes Tier hat mein Herz verdient.
Eine Schwanenfamilie schwimmt auf dem Wasser,
zwischen ihnen beneidenswerte Fürsorge,
jedes Tier hat mein Herz verdient.
Eine kleine Spinne in der Badewanne,
so grazil und anmutig,
jedes Tier hat mein Herz verdient.
Unsere Samtpfötchen beschenken mich mit liebevollen
Berührungen, Glück ohne Grenzen,
jedes Tier hat mein Herz verdient.

Seelenworte

Für Eine Stunde nur
bekam mein geliebter Hund eine Stimme verliehen.
Er war alt und ich merkte,
dass es zu Ende ging.
Viele Fragen stellte er mir.
Alle konnte ich Ihm beantworten.
Nur eine nicht:
Warum bin ich so schnell Alt geworden,
Ich war doch immer viel schneller als Du.
Jedes Mal konnte ich Dich beschützen,
Stundenlang konnte ich umher rennen.
Und Du sagtest immer zu mir:
Wo bekommst Du Deine Energie bloß her?
Du lebst schon so viel länger als ich.
Jetzt bist Du schneller.
Und Du bist immer noch so stark,
wie an dem Tag, als wir uns fanden?
Ich konnte nur darauf antworten:
Ich war schwach.
Nur durch Dich wurde ich wieder stark.
Du hast mich damals ins Leben zurückgebracht.
Ich weiß nicht,
warum Du so viel eher gehen musst als ich.
Aber eines weiß ich genau:
Auch ich wünschte mir so sehr,

Du könntest so lange bleiben wie ich.
Dafür würde ich alles geben,
was ich besitze.
Da sagte mein Hund:
Ich kann nicht sagen,
was jetzt bald mit mir geschieht.
Aber ich verspreche Dir,
alles nur Mögliche zu tun,
um immer bei Dir zu sein.

Mein geliebter Hund

Mein Leben war einsam, als ich Dich traf.
Ich hatte viele Menschen um mich
und doch war ich allein.
Dann begegneten wir uns und ich sah,
dass Deine Augen vor Freude leuchteten.
Mein Herz ging auf und plötzlich war alles anders.
Ich erinnere mich noch an alles,
als wäre es nur einen Tag her.
Ich gehe immer noch jeden Tag unseren Weg.
Aber heute ist dieser Weg ruhiger.
Nicht mehr voller Freude.
Und doch muss ich Ihn gehen,
um Dir nah zu sein.
Du hast Dein Leben bedingungslos
in meine Hände gelegt.
Schon das machte Dich zu einem
viel besseren Wesen,
als ich es je sein könnte.
20 Jahre ist es jetzt her.
Da trafen wir uns zum ersten Mal.
Und jetzt, nur einen Moment später
bin ich wieder allein.
Ich werde Dich immer lieben.
Und ich vermisse Dich so sehr,
dass es Worte niemals ausdrücken können.

Mein geliebter Hund

## Lebenszauber

Nur selten ist etwas so vielfältig,
wie die Sichtweise eines jeden einzelnen Menschen.
Für den einen ist das größte Tier der Welt nichts
Besonderes,
während für den anderen schon ein kleines Insekt
schön wie ein Regenbogen erstrahlt.
Der eine Mensch liebt den anderen über alles,
doch dieser beachtet den Liebenden oft noch nicht
einmal.
Für den einen sind Regentropfen ein Wunder der
Natur,
während der andere einfach nur nicht nass werden
will.
Und doch ist es umso viel schöner,
alles nur Mögliche zu beachten,
was das Leben zu bieten hat.
Und alles was einen umgibt,
kann zu dem wundervollsten Moment des Lebens
werden.

Joyce

Dein zarter Fellglanz legt sich zu mir,
berührt meine Haut, meine Seele.
Es fühlt sich so an, wie Du bist.
Sanft, weich, rein und vollkommen,
bleib bei mir, in jeder Sekunde,
in jeder Stunde die uns schlägt,
in diesem Leben, bleib für immer.

Schöpfungsirrtum

Der Mensch in seiner Blindheit
begreift nicht, dass er ein Irrtum ist,
nur ein Irrtum sein kann
in einer Welt, die schön war,
die noch schön ist, an vielen Stellen,
von Geburt an schön,
der Mensch, von Geburt an Belastung, Fremdkörper,
ein Widerspruch in sich,
die Welt hat uns nie gebraucht,
wird uns nie brauchen,
wäre ich die Schöpfung,
so gäbe es den Menschen nicht,
denke ich,
ein Rätsel ohne Lösung?

Wiebetrachtung

Wenn man das Schöne auf der Welt betrachtet,
ist es egal, wer man ist,
wo man ist, was man sein wird.
Allein wie man die Dinge betrachtet,
ist entscheidend.

Ansichtsliebe

Und wenn du ein Tier nicht leiden kannst,
oder dich davor ekelst,
dann denke immer daran,
dass du diese Seele vielleicht lieben würdest,
wenn sie in einem anderen Körper leben würde.

Geigenmensch

Immer wieder flog Musik an ihm vorbei,
er konnte sie nicht greifen.
Dann wurde eine Geige zu seinem Geschenk,
irgendwo gefunden,
die Geige, wie auch sich selbst.
Nun fliegt sie nicht mehr an ihm vorbei,
denn er ist sie, die Musik.

## George Michael

Ein kleines Lied in der Nacht, immer dann,
wenn die Trauer erwacht.
Der Mond zeichnet Strophen, die Sterne stehen still,
kleine Lichter, von denen ich jedes einzelne fühl.
Das nächste Lied hat nun begonnen,
wie Sternenstaub habe ich es wahrgenommen.
So ziehen all diese Lieder sanft an mir vorbei,
begleiten mein Leben, waren immer dabei.
Musik bleibt, selbst wenn der Künstler nicht mehr lebt.
Gefühle in Strophen, die niemals vergehen.
Das letzte Lied schenkt mir ein Lächeln und Glück,
so finde ich den Weg zu mir.


Für George Michael.

Danke für Deine Musik.

Vinylweg

Das Knistern von Vinyl weht durch die Straßen,
manche Geräusche, nie vergessen,
aber nur noch selten gehört.
Schallplatten pflastern meinen Weg,
ich gehe ihn gerne
mit einem wärmenden Licht in mir.

Großvater

Als ich meinen Großvater sah,
spürte ich Liebe, Wärme,
Geborgenheit, Zuwendung,
Gleichbehandlung und Güte,
Ankommen und Bleiben.
All diese Gefühle tragen Namen,
jedes einzelne wertvoll und wichtig,
alle zusammen so wunderschön
und doch auch so schmerzhaft,
weil ich sie nicht mehr mit ihm teilen kann.

Vater

Als ich meinen Vater sah,
spürte ich Sonne, Regen,
Wärme, Kälte,
Sturm und Stille,
Halt und Loslassen.
All diese Gefühle tragen Namen,
jedes einzelne wertvoll und wichtig,
alle zusammen kaum zu ertragen.

Herzreise

Mein Herz geht auf Reisen,
hält kurz vor Deiner Tür,
die Gedanken in Erinnerungen verwoben,
eine längst vergangene Zeit kehrt zurück.
Ich seh' Dich vor mir,
wie Du warst, wie Du bist, wie Du immer sein wirst.
Ein kleiner Hauch umweht mich,
führt mich nach Hause.
Deine Stimme begleitet mich,
zeigt mir den Weg zurück zu mir.


(Für meine Oma Anita, 25.03.1928- 03.03.2020)

Sternenstaubreise

Ich fliege mit Dir zu den Sternen,
für eine kleine Weile bleibe ich bei Dir.
Wir bewundern den Glanz und das Licht,
ein kleines Stückchen Sternenstaub nehme ich mit,
denn ich muss zurück,
ich möchte zurück.
Niemals war ich Dir so nah wie jetzt.

Glückssternsonnenkind

Mein Sonnenkind,
ich geh mit Dir,
halte und umarme Dich,
wärme und beschütze Dich,
trage Dich mit meinem Herzen,
an jeden Ort, den Du Dir wünschst,
bin bei Dir, für immer Dein,
solang ich kann, werde ich Dein Glücksstern sein.

Sternentanz

Nächte in denen sie in den Abend tanzten,
so leicht, so unbeschwert, so (un)glücklich.
Die Räume waren voller Leben,
bunte Lichter zierten Wände und Gärten.
Den Himmel habe ich betrachtet
im Klang ihrer Stimmen,
die Sterne als Kontrast.
Wie ruhig sie funkelten
in diesen lauten Nächten.
Ewigkeiten ist das her,
ich schaue in den Nachthimmel,
denke an diese Zeiten und genieße den Moment,
weil ich weiß,
diese Augenblicke kommen nie wieder.

## Schneeträumer

Bald ist Weihnachten,
es regnet schon seit Stunden, Tagen.
Als Kind habe ich so lang gewartet,
von einem Jahr zum nächsten.
Oft lag Schnee, die Luft war aus Frost,
die Lichter so bunt, der Weihnachtsbaum so groß.
Heute ist ein Jahr nicht mehr so viel Zeit wie früher,
zumindest nicht für mich,
es geht so schnell, wir verlieren viel
und gewinnen anderes hinzu.
Was ich wirklich vermisse
ist Schnee in diesen Tagen,
alles kommt irgendwann wieder,
der Regen, die Sonne, der Tag und die Nacht,
nur der Schnee kommt immer seltener zu uns.
Vielleicht ist er wütend, will nicht mit uns sein,
vielleicht aber wartet er auch nur,
um uns zu einer ganz bestimmten Zeit zu überraschen.

Figurenehre

Figuren von früher,
Figuren von heute
leben bei mir,
leben mit mir,
bleiben genau dort,
wo ich sie abgelegt habe,
laufen niemals weg.
Was für eine Ehre,
wo doch so viel Leben in ihnen steckt.

## Namensstern

Wenn der Abend eher kommt
und die Nacht länger bleibt,
ist die Zeit wieder da.
Ich gehe nach draußen und suche den Stern,
habe Ihm schon vor langer Zeit Deinen Namen
gegeben.
Finde Ihn sofort,
obwohl der ganze Himmel voller Sterne ist.
Ich finde Ihn, weil ich damals nur
einen ganz besonderen Stern nach Dir benennen
wollte.
Er funkelt in allen Farben,
wenn man genau hinschaut.
Sehnsucht berührt mich bei diesem Anblick.
Es ist wieder Winter.
Der Frost funkelt auf den Straßen
und lässt meine Gedanken bei Dir sein.
Vielleicht weißt Du gar nicht,
wie sehr ich Dich vermisse.
Und doch hoffe ich, dass Du es fühlen kannst.
Du bist dieser Stern.
Das weiß ich genau.
Und wenn es nur für mich so ist.
Ja, Du bist dieser Stern.
Für immer.

Lebensbegegnung

Und wenn Du zu ihr gehst,
dann bring mir nur ein einziges Bild mit.
Und wenn Du sie in Deinen Armen trägst,
dann bewahre nur eine einzige Berührung für mich
auf.
Solltest Du von Ihr gehen, dann sag Ihr leise:
„Jemand, der Dich nicht kennt und Dich noch nie sah,
würde sein Herz für Dich verschenken."
Und wenn Du ihr zum Abschied winkst,
dann denk daran,
dass es nur einen Wunsch für mich gibt:

Ich möchte Ihr begegnen, bevor ich sterbe.

## Lebensfindung

Verlass mich nicht,
bis ich mich gefunden habe.
Aber auch dann bleib bei mir,
falls ich mich wieder verliere.

Liebeslächeln

Gibst Du mir nur ein Lächeln,
bekommst Du von mir ein Lachen zurück.
Schenkst Du mir Deine Zuneigung,
so bekommst Du von mir die größte Liebe,
die ich geben kann.
Gibst Du mir Dein Vertrauen,
so werde ich es nie enttäuschen.

Und wenn Du mir eine Umarmung schenkst,
werde ich Dich für immer festhalten.

## Lebenswunsch

Und so wünsche ich mir,
dass Dein Herz den Weg zu meinem findet,
wenn auch nicht heute oder morgen,
aber es muss sein,
bevor ich sterbe.

## Jahrzehntenliebe

Sie liebte Ihn sehr, schon seit 50 Jahren.
Doch fiel es ihr zu schwer,
ihm das mal zu sagen.
Er hat es nie gewusst, nicht mal geahnt,
dass sie in Ihm die große Liebe fand.
Die Jahre vergingen, der Krieg kam dazwischen.
Würde das Schicksal die Karten neu mischen?
Dann sahen sie sich wieder nach langer Zeit,
unterhielten sich kurz,
waren zu einem Treffen bereit.
Als er sie dann ansah bei Kerzenlicht,
bewunderte er ihr altes, schönes Gesicht.
Plötzlich sagte er: „Ich habe mich in Dich verliebt,
ich hätte nie gedacht, dass es für mich noch so etwas
gibt."
Am nächsten Tag stand sie vor seiner Tür.
Sie klingelte an, nachmittags um vier.
Doch die Tür öffnete sich nicht,
in der Wohnung brannte kein Licht.
Sie fragte die Nachbarn:
„Wo ist der ältere Herr?"
Alle waren für kurze Zeit still.
Einer sagte dann:
„Er ist verstorben spät in der Nacht.
Wie sein ganzes Leben,
so hat er auch die letzten Stunden alleine verbracht."

## Zerstörungssieg

Vielleicht bin auch ich oft ein trauriger Mensch,
weil in meinem Leben schon einiges zerstört wurde.
Und doch lache ich so gerne und möchte auch,
dass andere Menschen durch meine Anwesenheit
so viel Freude wie möglich haben.
Ich bin nachdenklicher und in mich gekehrter
als die meisten denken.
Ich habe Träume und Sehnsüchte,
an die ich nicht mehr glaube,
so sehr ich es auch will.
Sicher, ein Funken Hoffnung bleibt immer.
Ich denke, das gehört zum Leben dazu.
Es ist ein großer Schmerz,
wenn man sich nach etwas sehnt
und es vielleicht nicht bekommt.
Aber eines weiß ich:
Ich lache nicht,
weil ich meine Traurigkeit überspielen will,
sondern
weil ich Sie besiegen will.

Zukunftsweg

Oft bin ich im Kreis gelaufen,
wusste nicht wohin
mit meiner Hoffnung,
mit meinen Ängsten.
Geh ich rechts lang,
oder links?
Heute weiß ich,
es ist egal wohin ich gehe,
denn selbst, wenn ich rückwärts laufe,
führt der Weg doch immer in die Zukunft.

## Stationsleben

Zusammenbruch der Gedanken, der Gefühle,
ohne jeden Mut, angekommen auf Stationen,
niemals wollte ich hier sein,
die Menschen um mich sind träge,
aufgedreht, keine gesunde Umgebung,
es ist voll, überfüllt, kaum zu ertragen,
ich finde keine Ruhe,
die Medikamente spüre ich gar nicht.
In jeder Sekunde möchte ich nach Hause,
weiß nicht was mir hier helfen soll,
gegen Abend kommt die Hoffnung zurück,
nur ganz klein, kaum wahrzunehmen,
ich habe Angst vor dem neuen Tag,
wieder geht alles von vorne los,
ich möchte gar nichts fühlen, gar nicht mehr sein,
aber ich hoffe, egal wie lange es dauert,
hoffe auf ein Erwachen ohne Angst,
es wird wieder so sein.

Verlustgeschenke

Aus den Händen geglitten...
...ist das Leben oft.
Aus den Sinnen entflogen...
...sind uns Berührungen, Düfte und Wärme, die man
nur zu jener Zeit und an jenem Ort wahrnahm.
Aus den Augen verloren...
...haben wir so viele Lebewesen und Umgebungen im
Laufe der Jahrzehnte.
Für immer verschollen...
...sind Worte, die wir sagen wollten und es niemals
taten.
Für immer gegangen...
...sind Menschen und Tiere, die wir lieben und uns in
Erinnerungen besuchen.
Für immer geblieben...
...sind die Narben auf unserem Herzen, die
schmerzhaft unser Leben begleiten.
Für immer dankbar...
...bin ich für das, was ist.

## Grenzentrick

Die Welt aus Zeichentrick leuchtet,
glänzt in allen Farben.
Jede Grenze verschwimmt,
ist miteinander verwoben.
Ich lehne mich zurück,
den Stift noch in der Hand.
Mein Herz kann ruhen,
alles ist ein Wunder.

Heimzauber

Der Magier ist gegangen,
sein Zauber wirkt nicht mehr.
Er wollte alles bunter machen,
fröhlicher, heller und glänzender.
Die Menschen wollten ihn nicht,
hatten doch längst alles.
Sie waren satt, von Eindrücken erschlagen,
Eindrücke, an die sie sich gewöhnten,
auch weil es immer die gleichen waren.
Ich werde ihn zu mir einladen,
ich möchte Neues sehen
und auch das Gewohnte immer wieder.
Bei mir hat er seinen Platz,
für immer.

## Zeitgefühl

Ich habe ihn gesehen,
den Riss in der Zeit.
Ich habe ihn gefühlt,
den Bruch im Universum.
Für einen Moment nur
war er zu spüren.
War es dieser Moment?
Oder waren es viele Momente,
viele Zeiten, in denen ich mich verlor?

In denen wir uns alle verlieren
und auch wiederfinden können.

Kaltgeschöpf

Ein Geschöpf, das nicht vor Liebe dahin schmelzen will,
denn es kann die Wärme der Zuneigung nicht
ertragen.
Es steht allein da, will sich nicht annähern,
riskiert hat das Geschöpf es schon,
dabei fast alles verloren.
Das Nichts hätte am Ende gewartet,
eine Entscheidung zwischen Alleinsein
oder gar nicht zu sein, nicht zu existieren.
Es hat seine Entscheidung getroffen
und steht bis heute auf den Schienen der Hoffnung.

## Traumflockenexpress

Bald ist es soweit,
der Winterexpress wird seinen Weg zu uns finden,
in meiner Hoffnung zumindest,
wird man ihn von Weitem hören.
Kurz bevor er zu sehen ist,
wird Schnee fallen,
in starken Flocken sehe ich die ersten Lichter,
gleich kommt er an,
er wird etwas mitbringen,
denn nun ist die Zeit der Träume da.
Er bleibt kurz stehen und setzt die Gefühle ab.
Als er weiterfährt,
schaue ich ihm eine Weile nach,
denn ich weiß, er kommt erst wieder,
wenn die Zeit der kalten Nächte anbricht.

Zeitenjahre I

Als der Sommer kam,
liebte ich den Winter.
Als der Winter kam,
liebte ich den Sommer.
Bis zu dem Zeitpunkt,
an dem ich alles liebte,
was kam und ging.

## Zeitenjahre II

Der Frühling gab mir so viel,
so viel, dass ich weniger wollte.
Der Herbst nahm mir so viel,
so viel, dass ich mehr wollte.
Heute habe ich so viel,
so viel, das mir keiner mehr nehmen kann.

Weihnachtssterne

Wenn alle Sterne uns Wege weisen,
so klar, der Schnee macht sich auf Reisen.
Gedanken in uns, die wir erlebt -
Weihnachten ist jetzt ganz nah,
alle geliebten Seelen für uns da.
Genieße die Ruhe in frostiger Nacht,
nur voller Liebe und Glück bedacht.

## Steinherz

Ich trage einen Stein in meinem Herzen.
Er hat zwei Seiten,
auf der einen stehen die schweren Zeiten geschrieben,
auf der anderen sind die schönen Zeiten verewigt.
Und manchmal, wenn ich es möchte,
schaue ich ihn mir lange an.
Weite Wege und kurze Ereignisse kann ich darauf
erkennen.
Für immer in Mustern und Worten der Erinnerung,
verfasst von meinem Leben.
Nichts wirklich vergessen,
aber alles mit vollem Gefühl gelebt.
Es ist dieser Stein.
Er wird alle Zeiten überdauern.
Denn er ist unzerstörbar.

## Sternenschlaf

Die Nacht hat ihren Glanz wieder,
Sterne tanzen am Firmament,
tanzen durch das ganze Universum,
um sich dann auf mein Herz zu legen,
bis auch ich mich schlafen lege,
denn der Morgen ist nah.
Langsam verblassen sie,
aber verschwinden nie ganz,
weil auch mein Herz niemals schläft.

## Mondlichtwellen

Wenn der See im Mondlicht glänzt,
möchte ich ertrinken
in den Wellen der Schönheit,
in den Tropfen der Liebe,
im Sog der Unendlichkeit.

Planetenwege

Folge der Sonne,
wenn du traurig bist,
wenn dein Herz zerspringt
in tausend Stücke.
Folge dem Mond,
wenn du hoffnungslos bist,
nicht mehr weißt,
wo du dich zur Ruhe legen kannst.
Ob Tag oder Nacht,
niemals ist es nur dunkel,
jeder Planet zeigt dir einen Weg,
einen Weg ins Land der Sterne.

## Sehnsuchtsmoment

Gedanken überdauern die Zeit,
fließen in uns, aus uns,
zurück in die Ewigkeit,
berühren unser Leben,
für den Moment, an dem man still ist,
die Unruhe hinter sich lässt.
Das Tor ist nun offen,
Sehnsucht kann überall sein,
wird überall sein,
denn manchmal ist sie die einzige Verbindung,
zwischen dem was war
und dem was heute ist.

Lichtglück

Der Arm des Lebens streckt sich dir entgegen,
er trägt das Licht des Glücks,
der Trauer,
der Tränen und des Lächelns.
Er begleitet dich durch alle Zeiten,
wenn du es möchtest,
greife nach ihm,
denn es gibt nicht nur Licht und Freude,
gerade deswegen,
greife nach ihm.

## Wunschgedanken

Wenn Du einen Regenbogen siehst,
sind dort Deine Wünsche unterwegs zu Dir.
Wenn Du nachts die Sterne siehst,
ruhen sich Deine Träume für Dich aus.
Und wenn ich Dich lachend im Sonnenschein sehe,
dann weiß ich,
dass all das für Dich wahr wird.

Lebenstod

Wenn ich es möchte nehme ich Dir alles,
Du aber kannst mir nichts anhaben.
Ich mache Menschen traurig,
obwohl ich selber nie traurig sein kann.
Ich führe Menschen zusammen,
die sich Jahre lang nicht gesehen haben,
weil sie nur dann kommen,
wenn ich nehme.

Viele sagen, sie sehen ein Licht,
und doch verbindet man mich fast nur mit der
Dunkelheit.
Für die meisten bin ich das Ende,
und doch kann man in mir auch einen Anfang sehen.
Ich werde existieren, solange es Lebewesen gibt.
Und wenn Du nicht weiß, wer ich bin, dann sage ich
Dir:

„Alles, was lebt, wird es erfahren".

## Weltatem

Die Luft blieb weg,
an jenem Tag.
Für ihn, für mich,
für viele Menschen auf dieser Welt.
Manchmal steht alles still,
obwohl die Zeit doch so schnell vergeht.
In der Hoffnung, dass nicht vergessen wird,
denke ich an diese Seele

Gleichgültigkeitgraus

Gleichgültigkeit ist die
stärkste Waffe der Grausamkeit.

Der Tag, an dem die Zeit davonlief

Ein Schicksal, das uns alle ereilt,
als wäre die Zeit nicht richtig verteilt.
Manches gewonnen, so Vieles verloren,
Glück und Leid jeden Tag neu geboren.
So schnell vorbei ein ganzes Leben,
Momente verloren, für immer vergeben.
Aber auch Freude und sehr viel gelacht,
das Beste aus jeder Sekunde gemacht.
Machtlos dieser Blick auf die Uhr,
wie ein Zug, der schon vor langer Zeit fuhr.
Und doch so schön ist dieses Leben,
wenn wir uns selbst die Zeit dafür geben.

Schwarzfarben

Der Clown macht weiter,
auch wenn seit langer Zeit schon
keiner mehr über ihn lacht,
vielleicht gerade deshalb,
endlich nimmt man ihn ernst,
denn der Unterschied besteht darin,
mit jemandem zu lachen und nicht über ihn.
Die Zeit hat Farben hinterlassen,
selbst das dunkelste Schwarz bekommt einen Sinn,
denn das ist immer noch ehrlicher,
als die bunten Lichter,
die den Schmerz überdecken.
Der Clown macht weiter,
bis das letzte Lachen verstummt
und darüber hinaus.

## Hoffnungsweg

Geh mit mir
ein kleines Stück,
lass mich nicht allein,
jetzt in dieser schweren Zeit.
Egal wer Du bist, egal wo Du bist,
egal wo Du herkommst.
Ich bitte Dich nur um eines,
bring Dein Herz mit.

Gefühlsgegensätze

Immer, wenn Du weinst,
lacht irgendwo jemand anderes,
immer, wenn Du lachst,
ist irgendwo jemand traurig,
immer, wenn Du Dich stark fühlst,
ist irgendwo jemand,
der vor Schwäche kaum noch gehen kann
und wenn es Dir schlecht geht wie niemals zuvor,
ist irgendwo jemand, der vor Freude in die Luft springt.

Die Welt ist voll von Gegensätzen,
Gefühle sind einzeln und gesamt,
ausufernd und ruhig,
aufbrausend und gemütlich,
ich nehme sie alle mit,
um zu spüren, was Leben bedeutet.

## Ewigkeitsorte

Die Zeitendecke legt sich auf mich,
wenn ich an bestimmten Orten wandle,
sehe ich so viele Leben,
die gekommen und gegangen sind,
so viele Träume, so viele Wünsche.
Es ist mir, als könnte ich sie spüren,
sie einfangen, sie bewahren,
bis zu dem Tag, an dem die Menschen kommen,
die zu diesen Träumen gehören.
Es ist die Ewigkeit in jedem von uns,
die ich empfinde, an diesen bestimmten Orten.
Was ich mitnehme, sind Demut und Gefühle,
die ich nicht in Worte fassen kann.
Ich finde keinen Namen,
obwohl ich sie schon so oft fühlte.

Blickwinkelsicht

Wenn das Leben mich wiederhat,
frage ich nicht warum,
ich schiebe die dunklen Wolken nicht beiseite,
denn sie gehören dazu,
auch sie sind wunderschön,
ich laufe auf Straßen,
in Träumen sogar auf Häusern.
Ich kann alles erkennen,
weil ich meinen Blickwinkel ändere,
aus der Sicht eines Kleintieres ist vieles winzig,
was groß sein sollte,
aus meiner Sicht ist vieles groß,
was klein sein sollte.

## Sonnenlauf

Auf einer grünen Wiese,
mit Blumen dekoriert,
laufe ich mit Dir,
laufen wir solange,
bis wir die Sonne eingefangen haben,
damit Sie an dunklen Tagen
an unserer Seite leuchtet.

## Gegenwartstod

Was niemand einem nehmen kann
ist das, was man Vergangenheit nennt.
Nun bist Du von uns gegangen.
Nur noch zu erreichen durch Gedanken,
die den Weg zu unseren Herzen finden.
Erinnerungen, die weit zurückliegen,
waren für mich immer da.
Als wäre das alles gestern passiert.
Aus den Augen verloren,
aber niemals aus den Tiefen der Gefühle.
Immer wieder an Dich gedacht.
Was Du so machst, oder wie es Dir geht.
Diese Gedanken werden sich ändern.
Denn man kann Dir auf dieser Welt nie wieder
begegnen.
Man kann nicht wieder Hallo sagen
und sei es nur für einen Augenblick.
Und immer wieder kommt die Einsicht aufs Neue,
dass ein Leben nicht zu ersetzen ist.
Der Schmerz ist immer wieder so groß,
dass wir meinen, ein Stück unseres Herzens zu
verlieren.
Manchmal glaube ich,
dass es gerade diese Erinnerungen sind,
die dafür sorgen, dass der Schmerz irgendwann
nachlässt.
Niemals ganz, aber zumindest so weit,
dass man damit umgehen kann.

# Erinnerungserinnerung

Die Zeit lässt uns viel vergessen,
man meint sich an alles genau zu erinnern,
aber war es wirklich so?
Ist es so, dass je mehr Zeit vergeht,
die Erinnerungen schwinden?
Geht mit jedem Jahr, jedem Monat,
ja sogar mit jedem Tag etwas verloren?
Erinnern wir uns wirklich an jedes Detail,
wo es uns doch so oft passiert,
dass andere Menschen diesen Moment
ganz anders beschreiben?
Ist man in dieser eigenen Erinnerung,
weil man sich so am wohlsten fühlt?
Und wenn wir mehrere Jahrhunderte überdauern
könnten,
würden wir uns dann überhaupt noch an das erinnern,
was uns vor vielen Jahrzehnten ereilte?
Vielleicht ist auch das ein Grund,
warum unsere Zeit hier begrenzt ist.

Wunschort

Nun sitze ich hier
an diesem wunderschönen, stillen Ort.
Und ich warte auf Dich,
obwohl ich doch genau weiß,
dass Du niemals zu mir kommen wirst.
Denn das Leben erfüllt nicht jeden Wunsch,
aber diesen einen.
Was würde ich dafür geben.
Der leichte Wind weht durch die Blätter,
ich schaue auf ein weites Feld hinaus
und habe dieses Gefühl in mir,
ausgelöst durch den Geruch
und dem Bildnis der Umgebung.
Ich werde immer wieder hierherkommen,
jedes Mal aufs Neue in die Ferne schauen,
bis der Tag gekommen ist,
an dem ich Dich von weitem auf mich zukommen sehe.
Und wenn es auch niemals so sein wird,
so habe ich es dennoch versucht.

Gedankensüße

In meiner Burg aus Schokolade,
aus dem Schornstein steigt Zuckerwatte,
gehe ich die Treppen aus Minzblöcken hinab
zu dem Tor aus Marzipan,
um es zu verschließen mit Weingummischnüren.
Somit habe ich die Realität ausgesperrt,
solange ich es will.

Großraumgedanken

Ich spring in meinen SUV,
so fühl ich mich dann groß wie nie.
All die kleinen Hobelflitzer,
häng ich ab, bis zum nächsten Blitzer.
Ich fahre durch die kleinen Gassen,
nehme Platz weg, kann es einfach nicht lassen.
Ein halber LKW muss es schon sein,
so passt er in keine Garage mehr rein.
Fußgänger, die seh ich nicht,
zu hoch die Haube, keine Sicht.
Ich selber fühl mich ziemlich klein,
deswegen find ich SUVs so fein.

## Verführungsatem

Der Wind hat mich berührt in einer Nacht.
Fast hätte er mich verführt mit seiner süßen Macht.
Er sagte: „Mach Dich bereit,
ich zeige Dir die Zukunft jenseits jeglicher Vernunft.
Und auch Vergangenes kannst Du nochmal erleben,
das ist doch etwas, wonach alle streben.
Reise mit mir durch die Zeit,
sieh' alles in einem völlig neuen Kleid."
Es war schwer, doch ich sagte: „Nein."
Alles hatte seinen Moment
und war das Ereignis noch so klein.
Was ist, wenn alles anders kommt
und alles wird wie ich es niemals wollte?
Der Wind wurde stark und er grollte.
Plötzlich war alles still,
zurück blieb ein nicht bekanntes Gefühl.
Alles bleibt so wie es war,
niemals war ich mir selbst so nah.

## Frühling

Der Frühling hat mich wach geküsst
an einem sonnigen Morgen.
Neu erwachendes Leben habe ich vermisst,
fühl' mich seitdem geborgen.
Auch Stille muss einmal enden,
das Leben laut singen.
Kleine Blumen werden Liebe senden
und Klee ein kleines Glück mir bringen.


## Sommer

Kleine Lichter zeigen mir Wege,
der Wald liegt in warmer Stille.
Der Sommer zeigt vielfältiges Leben,
etwas entfernt spricht eine Grille.
In kleinen Wesen sehe ich Glück,
Leben wird gegeben und genommen.
Jeder Weg führt zu mir zurück,
fühle, ich bin angekommen.

## Herbst

Der Baum wird sein Kleid verlieren,
der Himmel ist grau und verhangen.
Regen wird die Umgebung zieren,
Blumen und Blüten sind vergangen.
Im Herzen bleibt ein Regenbogen,
Licht gespeichert in dunkler Nacht.
Mein Gemüt ausgeglichen, ausgewogen,
voll mit Sonne aufgewacht.

## Winter

Es ist kalt, die Luft so klar,
weißes Land, Lichter überall.
Schnee fällt, Wünsche werden wahr.
Beobachte des Sternes Fall,
Demut, Besinnlichkeit sind mir so nah.
Genieße diese kurze Zeit
mit Gedanken an vergangene Stunden.
Bin für Träume nun bereit,
hab Behaglichkeit gefunden.

Blumenwolkenbett

Auf Blumen und Wolken bette ich Dich,
schalte ein für Dich das Seelenlicht.
Gebe Dir Kraft für Deine Träume,
heller Schein strahlt durch die Räume.
Leg Dein Herz zur Ruh auf meines,
nie zuvor fühlte ich so etwas Reines.
Ein Gefühl das man nie mehr vergisst,
weil es wahre Liebe ist.

## Liebesspiel

Ich muss beim Spiel schon sehr viel verloren haben,
nur so ist dieses große Glück in der Liebe zu erklären.

Du

Du hast Dich in mein Herz gesprochen,
Angst und Trauer damit zerbrochen.
Du hast Dich auf mein Herz gezeichnet,
den Grund für neue Farben bereitet.
Du hast Dich in mein Herz geschrieben,
Dunkelheit und Sorgen werden erfrieren.
Du hast Dich in mein Leben gelebt,
Danke dafür, dass es Dich gibt.

## Zeilenherz

Weil ich Dich liebe,
fühle ich eine Geborgenheit,
die ich nie kannte.
Weil ich Dich liebe,
vergehen Stunden im Flug
und doch bleibt die Zeit stehen.
Weil ich Dich liebe,
fühle ich in jeder Minute Deine Nähe,
auch wenn Du nicht bei mir bist.
Weil ich Dich liebe,
ist jeder Ort ein besonderer Ort,
weil wir ihn gemeinsam besuchen.
Und nur, weil auch Du mich liebst,
ist es möglich,
dass mein Herz diese Zeilen schreibt.

*Poesie antwortet Poesie*

## Gedankengasse

Diese Straßen, manchmal gehe ich hindurch
in meinen Gedanken, in meinen Träumen.
Alkoholüberschwemmt stehen die Kneipen an jeder
Ecke, in jeder Gasse.
Ich höre dieses schreckliche Gebrüll,
sehe Menschen, die vollkommen ihre Kontrolle
verloren haben.
Mich schaudert es, ein Erlebnis, das einem Albtraum
gleicht.
Ich muss den Ausgang finden, schnell raus aus dieser
Straße, raus aus diesem Umfeld.
Die letzten Schritte, ich werde wach
und bin froh wieder in meinem Leben zu sein.
All das ist lange vorbei und weit weg,
es wird nie wieder so sein.
Ich spüre ein Aufatmen, ich bin frei wie niemals zuvor.

SASCHA

Nie wieder

Die Straßen die Du
gehst im Traum sind mir
vertraut ich sehe mich
schwanken in ihnen es riecht
nach Kotze Schnaps und Bier
höre mein künstliches Lachen mein unverständliches
Gefasel
und mir wird schlecht davon im
HIER weiß ich: nie wieder

Gaby

## Dämonenengel (Teil 1)

Sie kann schon lange nicht mehr zwischen Engeln und
Dämonen unterscheiden,
obwohl sie schon so viele Jahrzehnte auf dieser Welt
lebt.
Sie dachte eine Zeit lang, sie könnte es,
niemand konnte ihr etwas verheimlichen oder
vormachen.
Alle hat sie durchschaut, schon nach Sekunden,
deshalb ging es ihr immer gut, früher.
Eines Tages wachte sie auf und stellte fest,
das ihre engsten Menschen plötzlich Feinde waren.
Nicht von heute auf morgen, sondern seit vielen
Jahren.
Er war ihr abhandengekommen, dieser Blick, diese
Vorahnung, die sie immer schützte.
Was sie am meisten enttäuschte, war die Erkenntnis,
dass sie sich von Vielem trennen musste, um wieder
glücklich zu werden.
Die Erkenntnis, dass sie allein sein muss, um wieder
vertrauen zu können.

## Engeldämonen (Teil 2)

Er hat versucht sie zu finden,
viele Jahre hat er gehofft und gekämpft.
Dämonen waren seine Gegner,
seine eigenen und die der anderen.
Er wusste um ihren harten Lebensweg,

konnte verstehen wie es ihr geht.
Auch er ist allein, hat vieles verlassen,
enttäuscht von Menschen, die ihm Liebe versprachen.
Er wird es noch einmal versuchen,
ein letztes Mal macht er sich auf den Weg,
auf die Suche nach seinem Engel.
Und wenn beide an sich glauben,
dann werden ihre Träume auf Flügeln schweben.

Engelstreffen (Teil 3)

Ein Haus am Ende der Nacht,
alleinstehend, mit sommerlicher Natur umgeben.
Fast hat er es geschafft,
er kann ein kleines Licht sehen.
Es bewegt sich auf ihn zu, leuchtet immer heller.
Sie ist es, er kann es spüren,
ihre Augen treffen sich im Licht der Sterne.
Beide sagen nichts, halten sich nur fest.
So nah, er kann das Licht erkennen,
es ist ein kleiner Engel, der tief in ihrem Herzen lebte.
Einmal nur in ihrem Leben ließ sie ihn frei,
um ihm den Weg zu leuchten.
Auch er wird die Tür zu seinem Herzen öffnen, damit
sein Engel ein Licht für sie ist.

SASCHA

Ihre Engel zum Teufel
geschickt aus dem Leben
getreten um sich
längst verloren in den
Irrgärten der Dunkelheit zu
finden paart sie sich mit
Dämonen deren Lügen nun
ihre Wahrheiten sind die
nach ihren Ängsten gieren um
leben zu können tanzt
den Lebenstanz von
Tod zu Tod scheitert
erfolgreich kein Ende in Sicht?

Er hat sich vergraben ins Alleinsein, dessen Wurzeln
sich längst um seinen Geist, seinen Körper
geschlungen hatten, seine Seele nähren, die, losgelöst
von ihm, suchend durch die Einsamkeit treibt, einem
vertrautem Schluchzen entgegen, und so macht er sich
mit klopfendem Herzen auf, das Wesen zu finden,
dessen Weinen sein Blut schneller als sonst durchs
Geäder rasen lässt, wobei ihm der Klang seines
Herzens, wenn es ihm überhaupt gehörte, immer
fremder und zugleich vertrauter wird.

Dreizehn Monde lang wanderte er durch die Finsternis.
Es ist eine kalte, stockdunkle Sommernacht, der
Himmel schmucklos. Sie sitzen auf der hölzernen Bank
vor dem Haus bei heißem Kräutertee, der Engel, den
der Teufel zurück gewiesen hatte, lächelt.
Beide spüren ihre Herzen in der Brust des Anderen
schlagen, füreinander, für immer, umtanzt von
lauernden Dämonen.

GABY

Lebensbuch

Das Buch der Geheimnisse ist geöffnet,
einem Zauberer ist es gelungen.
Doch die Seiten sind leer,
verlassen, nichtssagend,
oder auch nicht.
Die Seiten regen uns dazu an,
die Geheimnisse in uns selbst zu suchen,
sie zu entdecken.
Was wir finden, wird großartig sein,
ein wertvolleres Buch hat es niemals gegeben.


SASCHA


unwegsame Wege gegangen
durch tiefe Einsamkeit bis
ans Meer die sieben Siegel
meines Buches sind
aufgesprungen scheinbar
leere Seiten nur ich kann sie lesen
Vergangenes bis in die Gegenwart
steht in Schönschrift geschrieben
geheime Zaubersprüche
sie leiten mich
in die Zukunft und weiter
bis ans Ende aller Zeiten
Rauschen leiser Wellen
begleitet mich


Gaby

Nachtmelodie

Wenn die Musikgruppe spielt
am Rande der Nacht,
dann bin ich dort,
bin woanders,
überall ist mein Herz,
meine Seele tanzt,
ich schaue ihr zu
wie sie springt und lacht,
bis die Sonne erscheint
laufe ich ihr nach.

SASCHA

am Rand meines Weges den ich
jeden Abend geh' leuchtet
golden ein zierlicher
Notenschlüssel

er passt ins Schloss zum
Tor der Nacht
singend trete ich ein Du
hattest mich erwartet

mit bloßen Füßen
tanzen wir Tango
bis die Morgensonne
uns küsst

GABY

## *Texte von Gaby*

meine Augen reisen zum
Himmel Wolken
liebesumarmen
den Mond der breit
lächelt sie dankbar küsst

ich schließe meine Lider

lass mich Dein Licht sein
In Deinem dunkelsten Schwarz

in Deinen tiefsten Tiefen
möchte ich sitzen
an Deiner Seite
Dein Herz
Deine Hand
halten

mit Dir fliegen
zu Sternen
von denen
niemand weiß

VISION

zu lange

gekuscht die Augen
verschlossen oder weg
geschaut geschwiegen
uns alles schön geredet

gleichgültig fristen wir
unser Dasein in einer
zerstörten Welt Zukunft
wird nur noch tot geboren

wir schlachten einander
fressen uns auf blitzblanke
Knochen sind unser
einziges Leuchten

was ist schon das Rot
verweinter Augen gegen
ein Mohnblumenrot ich
hänge die Spiegel zu
schrei meinen Schmerz
in die Welt finde
Trost im Blumengesicht

## WORTGESCHÖPFE

Poesie spannt
ein seidenes Seil bittet
zum Tanz Wort für Wort
tänzelt beflügelt
den Geist Fantasie ist
grenzenlos Alles und
Mehr möglich unsinniges
Gedankenspiel bekommt Sinn
weil fühlbar wird sichtbar
der Kopf raucht freie Gedanken
bis zur Erschöpfung

Haarrisse
im Seil

Wege wollen
gegangen werden

auch Nebenwege
die Du wählst um mir
nicht zu begegnen

seitdem
ich an Wunder
glaube finden
sie mich

rot
schimmert durchs zarte
Seidengrün
ihre Beine
sind weit geöffnet
die alte
Wunde
Schmerz

nachdem meine letzte Hoffnung
begraben war ging ich
Mutter-Seelen allein weiter

kein Schreien half
doch
es betäubte
den Schmerz

mit Schrecken starre ich
in die Realität wage
einen Seitenblick in die
Zukunft die hilflos ihre
Hände zum Himmel
hebt hoffend auf
WUNDER die sich erfüllt
von Abscheu und Ekel aus
dem Staub gemacht haben

auf der Suche nach einem
menschenleeren Stern

Mauer I

Herzen
zugemauert
atmen Liebe
weder
ein
noch
aus

Mauer II

Köpfe
zugemauert
können
nicht denken

die Mauer aus Lügen bricht
Wahrheiten werden
sichtbar greifbar
ein letztes Mal verdunkelt
die Seele sich
bestätigt in ihrer Ahnung
zuckt das Herz
schmerzlich verschließt sich
für alle Zeit
Dir...

ich freue mich nicht
wenn mir jemand
Schnittblumen schenkt

fühle Schmerz
sterbe ihren Tod
weine Tränen

blumenblutrot

## Immer wieder Eva

aus schmierig blauem Auge tropft
Geilheit auf ihren
unschuldigen Kinderleib

jetzt spürt
sie sein
Atmen
Stöhnen
ganz
nah

starr sitzt sie vor
Ekel
Scham
Angst
sich schuldig
beschmutzt
fühlend
als er
eisern seine
Hände um ihre mit
Beinkleidern umhüllten
Schenkel
legt...

Zu diesem Tex kleine Anmerkungen:

1986 hatte ich ihn während einer Lesung vorgetragen, währenddessen wurde ein grau melierter Herr ganz vorne sehr unruhig und warf sofort, als ich geendet hatte, ein: „ *WAR EVA NICHT EIN BISSCHEN SELBER SCHULD*?"

Den Titel hatte ich bewusst gewählt, weil ich der Meinung bin, dass Frauen und Mädchen seit dem Sündenfall, wie ihn uns die christliche Kirche einhämmert, an diesem Unglück meist selbst schuld seien!!! Das ist nicht wahr.

ihre Welt war dieser Raum
sie sucht ihn heim Du glaubst es kaum
hüte Dich darin zu nächtigen
sonst könnte ihr Geist Dich verdächtigen

dass Du sie hier gefangen hieltest

in diesem Raum verging ihr Leben
ins Licht zu gehen war ihr Bestreben
doch zu viel hatte sie auf Erden
das es galt aufgeklärt zu werden

doch niemand hörte zu

gefangen selbst nach ihrem Tod
in Zwischenwelten - groß die Not
so wandelt sie zur Geisterstunde
Fragen fallen ihr aus dem Munde

Antworten schweigen sich aus

ihr Peiniger hatte sie längst schon vergessen
mit Gleichgesinnten in einer Bar gesessen
brüsteten sich mit fiesen Taten
dreimal darfst Du raten...

den Weg nach Hause blau wie sie waren fanden sie
nicht

so irrten sie müde durch dunkle Gassen
konnten es dann gar nicht fassen

ein Raum ein Bett Modergeruch
ihre Worte im Sterben waren "Huch"

der Geist des Mädchens ging ins Licht

Höllenfeuer züngeln aus den
Haarrissen der Welt mischen
sich mit den Farben des
sterbenden Abends färben
den Himmel gespenstisch rot

unter ihm sonnen sich
Wesen der Finsternis
zu Allem bereit

hinter meinem Rücken
in den Himmel Eurer
Lust Lügen auf Fragen
verleihen der Seele Augen
sie betrachten das Geschehen
hinter meinem Rücken...

Hände greifen in
verbotene Orte Finger
spielen das verbotene Spiel

ich stell mich schlafend auch
wenn ich lieber tot wäre
meine Angst zerfetzt

den Mond
die Nacht
alle Träume

Gewitter
(Kindheitserinnerung)

erzürnter Himmel
Wolkengeister färben den
Himmel giftgrau wütend
streichen Blitze über die
Saiten himmlischer Bratschen
Elektrizität entlädt sich
gefolgt von diabolischem
Grollen einer Todesmelodie
gleich manchmal von einem
lauten Knall ich halte mir
die Ohren zu

Gedanken aus dunklen Truhen
ich sortiere
hinterfrage
dreh sie von rechts auf links
spinne einen Faden
wie Stroh zu Gold
seine Knoten verwirren mich...

fürs Schönheitsideal
sind ihre Arme zu schmal
die Beine zu kurz doch
ist mir das schnurz

du sagst ihr fehle ein lieblich' Gesicht
das würde dann strahlen im Morgenlicht
ich sehe sie an spüre genau
sie IST das Licht diese herrliche Frau

ihre Brüste gleichen hängenden Gärten
die ich bestaune anstatt zu bewerten
gern' würde ich sie liebkosen berühren
doch dieses Wesen niemals verführen

Ich verkrieche mich ihre Bauchschürze lädt dazu ein
hält mich geborgen wie Fässer den Wein
möchte tausendfach an ihr erblühen vergehen
niemand wird's stören oder gar sehen

tiefste Verehrung der Schönheit pur
anstatt einer verbogenen Statur
ihr Liebreiz mich gefangen hält
mir der schönste dieser Welt

Unverfälscht und echt
ein starkes Geschlecht

# EIN SONNIGER NACHMITTAG

ich stehe vor dem alten
Haus die Tür zu meiner
Vergangenheit ist angelehnt

vorsichtig trete ich ein
den Kopf voll schöner
Erinnerungen

in dem Raum in dem wir
zusammen saßen bei heißem
Kräutertee es war in
einer Hexennacht sind
die Rollläden nun heruntergelassen
Fensterscheiben zerschlagen

doch wenn ich in seine
Dunkelheit schau wird er hell
wie unser Lachen damals

Weltentore öffnen sich
unter dem Vollmond kommen Alle
zusammen was sie eint in ihrer
Verschiedenheit ist ein Herz
bereit zu lieben und so wandeln sie
durch die Nacht suchend
nach der Bedingungslosigkeit
der Liebe von Mond zu Mond
wenn es hell wird treten sie
hoffnungslos aus der Zeit

der Himmel verdunkelte sich
der Mondin Lächeln vereiste
alle Sterne starben
des Kindes Unschuld färbte
sich rot als er wagte
es zu berühren...

## BÜHNE FREI

den Kämpfer*innen für die
Freiheit Demokratie
muss das ertragen gesteuert
von antidemokratischen Kräften
folgen Besorgte Verschwörungstheorien
auf den Lippen im Theater des
Grauens reibt der Regisseur sich
die Hände dient ein Kind als
Schutzschild pöbelt der Mob
den es nicht kümmert was
muss darf Demokratie ertragen
was hält sie aus

was bin ich bist Du
bereit zu ertragen

der Vorhang schließt sich einem
entsetzten Publikum
niemand applaudiert

Alles bekommen
nichts ist geblieben
ausgeträumte Träume
wunschlos unglücklich

abgestürzt hart aufgeschlagen
Fehler gemacht blaue
Flecken meiner Seele sind
verblasst gelernt aus

Fehlern

ich werde neue begehen in
den Jahrbüchern der Schule des
Lebens stehen sie irgendwann
geschrieben zu meinem
Ende werde ich es lesen
weinen und lachen

## VON VÖGELN GESUNGEN

niemand bemerkte dass
ein Wunder vom Himmel fiel
über die Wiese kullerte
sich im Rosenstrauch verfing
hängen blieb
um Hilfe schrie

die Menschen
waren für dafür
blind und taub

HERBST I

dem Säuseln trockener Blätter lauschen
tanzen nach dem Lied des Sturmes
im feuerfarbenen Flatterkleid
um den Hals eine Kette aus Kastanien
Dir schenk ich mein Bucheckerlächeln
meine Augen sind braungrüne Eicheln

## HERBST II

im Herbst meiner Tage
angekommen breite
ich die Arme aus
dankbar hier und
lebendig zu sein
tanze den Lebenstanz
meinem Ende entgegen
ich weiß es erwartet mich

Zitronenfalterglück

währt kurz das scheint sie
nicht zu kümmern umfliegen
sich flirten mit dem
Purpurgesicht der Nelken
tanzen den Totentanz

tagelang

## WINTER I

Du bist uns fremd geworden
es war einmal eine Zeit in der
Kinder auf Schlitten juchzten
bei Schneeballschlachten lachten

mit rotgefrorenen Gesichtchen
später am Ofen saßen
bei heißem Tee

## WINTER II

meine große Mutter trug
wintertags ein Kleid
aus glitzerndem Schnee
der sie warm hielt
heut' trägt sie Nackt
friert in des Winters Wärme

fühlst Du es auch?

Sturm kommt auf weht
übers Gerstenfeld

ruheloses Meer

seine Wellen klatschen
erbarmungslos
gegen meine Gedanken

Sommer steckt in den
Schuhen ich kann ihn schon
riechen futuristisch anmutende
Käfer stolzieren in Prozessionen
vorbei über mir zieht
der Fischreiher Kreise

über dem Wasser tanzt ein
Fisch ein Mückenschwarm

ich nehme den Augenblick an
mein Herz schließe die Augen

## SOMMER

es war der Duft
von blühendem Lavendel
der mich
umarmte tröstete
als ich mich
so sehr verzehrte nach Dir

mein Innengrau sitzt
im Himmelgrau
wir trösten uns
Buntes

im Reich des Schmetterlings
blüht schwarzrot
die Blume Immerdu
pflückst Du sie
bist Du
ist sie
verloren

in meinem Wunderland geht
niemand mit den Hühnern
schlafen uns zieht es hinaus

wir zwinkern Sternen zu
heulen mit dem Wind fordern
die Mondfrau zum Tanze

unser Lachen lässt alle Himmel aus
den Fugen geraten wenn der Morgen
graut kehren wir heim

im Regen
nackt unter dem Himmel
er trägt ein graues
Wolkenkleid Tanzschritte
wagen von Pfütze zu Pfütze

LAUTLOS SCHLIEßT SICH DER VORHANG

das himmlische Schauspiel
Neowise findet im Theater
hinter den Wolken statt

niemand schaut zu

niemand?

wer weiß schon von dem
Leben dieser Sphären?

einst mächtig stark
vom Sturm nun
entwurzelt schreit
er stumm
seinen Schmerz in die
Welt traurig erzittert
die Erde bebt meine
Hand hält sein
sterbendes Herz

## EINER BÄUMIN INS HERZ GESCHRIEBEN

von kahlen Ranken
umschlungen Stürme des
Lebens beugen Dich sanft

verbiegen lässt Du Dich
nicht ich lege meine Hände um
Deinen Stamm streichele Deine
runden Hüften wissend

wir sind dem Tod
geweiht summe ich
leise Liebeslieder

das Bäumchen
das ich
bewunderte weil
die Sonne seine
Äste so glänzend
vergoldet hatte
streckt mir
zitternd vor
Kälte seine
nackten Ärmchen
entgegen

ich umarme es

## AM MEER

Gedanken spazieren durch Sehnsüchte
das Herz eilt voraus
ich kann Dich von Weitem
sehen lächelst mir zu
Wind weht durch Dein Haar
in mir Meeresgeflüster
alle Muscheln geöffnet bis
eine Welle mich in die
Wirklichkeit spült...

# WERWOLFMOND

Gefährte
beiß mir
die Fesseln auf
lass uns dem Ruf
des Mondes folgen

uns lieben in des
Waldes Dunkelheit
bis der Morgen graut...

Deinen Biss
fürchte ich
nicht

still ruht der See tief
der Mond am Himmel nah
dass ich meine Schaukel an
ihn binde

schließe die Augen lausche
einem Flüstern das
kleine Volk
erzählt Märchen

wie Mama sie uns vor
dem Einschlafen las
auch das von
Schneeweißchen und Rosenrot

bei dem ich herzzerreißend
weinte und bettelte bitte
noch einmal das
kleine Volk verstand

erzählte es immer wieder
bis ich schluchzend die
Seile der Schaukel
losließ

ein Engel fing
mich auf

## DER ALTE VAMPIR

siebentausend Jahre alterloses
Leben und es bleibt nichts als
einsam zu sein in meiner
Dunkelheit finde
mich küss mich
wach wenn die Morgensonne
sanft übers Land streicht

ich sehne mich nach ihr

RITUAL I

mit Kräutern aus dunklen
Schatten salben
wir uns fliegen mit
lautem Gelächter
durch Nacht
Himmel und Hölle

## TRAUMFRAU

morgens kurz vorm Schlafengehen
glaubst Du nicht was mir geschehen
Schuli hatte in der Nacht
ich sah's zu spät und gab nicht acht
kleine Näpfe aufgestellt mit brodelnd heißem Fett

sie kennt meine kleinen Schwächen
doch konnte ich nicht damit rechnen
dass sie die Langeweile plagte
sie sich sogar Böses wagte
mein großer Zeh stieß etwas um ich schrie

Doch sollte das nicht alles sein
ich glitschte aus brach mir ein Bein
Schuli fing bei diesem Krachen
laut dämonisch an zu lachen
mir schwanden alle Sinne

ich kam zu mir nach vielen Stunden
verpflastert waren meine Wunden
Schuli ritt ihr Schaukelpferd
etwas köchelte auf 'nem Herd
ich gesundete abends gab's Tee

sie blieb zurück und ich versprach ihr
sie zu besuchen auf ein Bier
saßen dann am kleinen Holztisch
aßen gebratenen leckeren Goldfisch
geangelt aus des Nachbarn Teich

wir treffen uns nun jede Nacht in ihrer Hütte
die sie lange geheim hielt die reizende Lütte
bringt mir Reiten und Fliegen bei
und manchmal klatscht ein rohes Ei
dem Nachbarn im Traum an den Kopf

## NACHTFLUG I

Nebelwolkenatem der
Hut sitzt gut
Rabenvogel auf einer Schulter
auf der anderen sitzt
die Katze eine alte Frau am
Feuer reinigt Gedanken
die hellsten verbrennt sie es
brodelt im Kessel Dampf steigt zum
Himmel versteckter Sterne

wie der Mond löschen
Glühwürmchen ihr Licht
Flammenkinder
liegen verstorben im
Aschesarg Augen
das einzige Leuchten in
dieser Stockdunkelheit

der Besen kennt den Weg

mein Herz
ein uraltes Buch mit
Zaubersprüchen der Liebe
die ich meiner Großen Mutter
bete

von Nacht zu Nacht
in der Hoffnung ihren
Schmerz zu trösten

## AM MONDFENSTER

so rund und voll thronte die
Mondfrau am Himmel mir war
als lächelte sie

Wind wehte zarte Wolkenwische
mit goldbestickten Säumen durch
die kühle Nacht legte sie der
Frau im Mond um die Schultern

## ABENDDÄMMERUNG

stimmt melancholisch
ich betrachte den Eichenstrauch
mit seinen hellgrünen Früchten
mir scheint als hätte sie jemand
an ihren Schlafmützenzipfeln
dem Ast angehängt

## ABEND IM SPÄTSOMMER

lockend ruft Rauschen des
Buchenwaldes mich hinaus unter die
vom Wind zerfetzten allmählich immer
dunkler werdenden Wolken die
keinen Blick freigeben auf
die abnehmende Mondfrau
auf trockenen Grasbüscheln am
Wegrand sitzend genieße ich
das Lied des Waldes des
hohen Grases während
Winde zerren mein Haar es
auf geheime Weise knoten Bäume
ihre Blätter in den
Schlaf schaukeln
Kälte mir
langsam die
Beine hoch kriecht

## LIEBESNACHT

zärtlich liegen wir
ineinander Hände
streicheln
gestillte Lüste

meine Deine
Nacktheit ziert
das Funkeln
aller Sterne

Lippen murmeln
Liebesworte in die
gekrönte Nacht

## LIEBESERKLÄRUNG AN SUSE

Wasser bis
zum Hals
die Seelenhaut
durchsichtig
ganz tief
angekommen
Du nimmst mich
in die Arme
langsam
kehrt Freude
ein
heilst
mir
Herz und Seele
beginne zu
atmen spüre
ich lebe noch
so dankbar
war ich Dir
noch nie

Du streichst
mir übers Haar kühlst
Deinen Mund an meinen
Lippen küsst
meine Stirn bettest
mich weich und deckst
mich zu mit Dir

„liebes Mädchen darf ich wagen
Dich um einen Tanz zu fragen
jung ist die Nacht Du glaubst es kaum
der Mond hängt aufgespießt am Baum
auf Händen würde ich Dich tragen"

das Mädchen schlägt die Augen nieder
der Vogelmann fragt immer wieder
doch seine Fragen schlägt das Kind
in Bausch und Bogen in den Wind
so kniet er vor ihr nieder

"hinfort mit Dir Du Kreatur
Ich tanz mit meinem Bärchen nur
Dich fürcht' ich nicht an Deinen Krallen
habe ich keinen Gefallen"
doch bleibt der Walzervogel stur

am Himmel wird es plötzlich dunkel
leises Fledermausgemunkel
der Herr der Hölle kommt gerannt
mit schrecklich miefigem Gestank
bedrohlichem Gefunkel

„ihr habt zu tanzen spricht der Herr
Ich pfeife auf den Teddybär"
zustande kommt der Walzer nicht
dafür ein höllisches Gericht
Mädchen und Walzervogel leben nicht mehr

## LIEBESERKLÄRUNG AN EIN KIND

weil er Dich kalt
lässt der Indianer
der keinen Schmerz
kennt Du weinen
kannst wenn
Du traurig
bist mal Katze mal
Hund laut oder
leise
dünn- oder dickhäutig
bist liebe ich Dich

## ZUR ZWÖLFTEN STUNDE

ich liebe mein Leben prall und bunt
schieb' mir eine Hand voll Chips in den Mund
gleich schlägt die Uhr zur Geisterstunde
ich starr' auf das Ding mit offenem Munde
bis gerade liebte mich das Leben kugelrund

mein nicht bestromter Monitor blitzt auf
das hört hört hört und hört nicht auf
Geheimschrift schnörkelt auf dem Schirm
wer macht das ach mein krankes Hirn
es setzt noch einen drauf

aus toten Lautsprechern Worte Töne
ich werde Dich umbringen meine Schöne
bin nah daran das zu glauben
schau' mit erschrockenen Augen
auf dass der Tod mich nicht verwöhne

beißend fauler Mundgeruch ich wanke
es umschlingt mich eine eiskalte Ranke
aus brüchigen dünnen Fingerknochen
zwanghaft denk ich jetzt ans Kochen
was ist das nur woran ich kranke

zur Morgenstunde schlägt die Uhr
die Geister im Kopfe bleiben stur
ich treibe sie mit Schimpf und Schande
aus meinem gehirnverwirrten Lande
besinge mein Leben in Moll und Dur

## IM SOMMERLOCH

Im Sommerloch das grün umrandet
War ich irrtümlich gelandet
Der Besen flog in falscher Richtung
Sollte landen auf der Lichtung
Ich traf sie die auch hier gestrandet

Im Dunkeln konnte' ich sie kaum sehen
Erkenne sie läuft nur auf Zehen
Als sie mich sah begann sie zu trampeln
Von Angst erfüllt herum zu hampeln
Als hätte sie furchtbare Wehen

Das tat mir leid reichte ihr meine Hand
Sie zögerte noch doch wir knüpften ein Band
Der Raum erstrahlte im lila Licht
Sie sagte die Farbe gefiele ihr nicht
Ich stand mit dem Rücken zur Wand

„Schwester wie hättest es Du denn gerne?
Golden?" Ich zauberte eine Laterne
Wir tanzten barfuß um ihr goldenes Licht
Es war mir eine Freude das kannte ich nicht
So tanzten sie halt nicht in Herne

Dann wurden wir müde sanken nieder
Halfen uns gegenseitig aus dem Mieder
Haut an Haut schliefen wir glücklich ein
Zum Glücklichsein brauchten wir keinen Wein
Ich traf sie leider nie wieder

Satan fällt aus Wolke sechs in ihr Bett
verführt das Kind hinterlistig teuflisch und nett
es ergibt sich ihm lustvoll
das macht ihn ganz toll
Muttern schaut zu vom Fenstereck

so etwas hatte es hier nie gegeben
durch ihr steinernes Herz fuhr ein Beben
auch durch ihren verwaisten Unterleib
sie wäre gern jetzt ihr Kind das Weib
welches Lucifer begann zu erlegen

sie fleht um Erlösung den Bösewicht
doch lacht er ihr frech nur ins Gesicht
„Dein Fleisch ist zu zäh Du bist mir zu alt
verschwinde erlöse Dich im dunklen Wald"
verletzt schreit sie „Du bist nicht ganz dicht"

sie beginnt ihn aufs Übelste zu verfluchen
doch es gelingt nicht sie muss nach ihm suchen
findet ihn schließlich im toten Kinde
schreit Wutgesänge in die Winde
verbackt das Teufelspack zu Kuchen

am Sonntag spendet sie ihn dann Gottvater
traurig schauen Maria das Kind und der Kater
zünden die letzten Kerzen an
verlassen schleunigst den Himmel dann
mit seinem Schmierentheater

an Muttern hingegen wird hier auf Erden
Gerechtigkeit vollzogen werden
ihr Drang wird ewiglich ungestellt bleiben
dazu spielen die himmlischen Geigen
begleitet von wiehernden Pferden

## NACHTFLUG II

Stechapfel und Eisenkraut
Flügel wachsen aus der Haut

die alte Hexe fliegen muss
schmachtet nach des Mondes Kuss

will im Sturm sein Herz erweichen
raucht im Flug ihr Opiumpfeifchen

so fliegt sie durch dichten Rauch
Sterne lachen Engel auch

Flügel versagen
nur nicht verzagen

dann

verkennen sie den Weg
sodass es steil nach unten geht

es ist wieder nichts geworden
vielleicht treffen sie sich morgen

## SCHWARZ

schwarzgeschminkt quäle ich mich durch den Tag
schwarz eingehüllt weil ich's so am liebsten mag
das kannst Du glauben oder lass es einfach sein
ein Kleinkind erschreckt sich und fängt an zu schrein
fiebre der Nacht entgegen weil ich sie am liebsten mag

erbärmlich brennt das Licht des Tags auf meinem Kopf
ich halte das nicht aus schneid mir ab den langen Zopf
die Buntheit des Lebens törnt mich tierisch ab
wie gut tät mir jetzt ein eiskaltes Grab
ein Kleinkind erschlägt plötzlich Mutters süßen Kopf

dann kommt sie endlich vorbei fliegt der Tag
ich entführt sie in den Abend sie kommt mit in den
Park
wir lieben uns laut unter traurigen Weiden
am liebsten würde ich für immer bei ihr bleiben
sie ist wirklich alles was ich hab

schwarz scheint der Mond und auch die kleinen Sterne
wir genießen diese die Nacht haben uns schrecklich
gerne
schwarz wie Pech werden meine Gedanken
ich spüre wie sie sich um ihren schlanken Hals ranken
ich weiß sie liebt das hat es wirklich gerne

dann windet sie sich aus meinen Krakenarmen
„bitte lass das sein ich kenne jetzt kein Erbarmen"
schlage meine Zähne in ihre Halsschlagader
bin durstig da hilft ihr jetzt kein Wenn und Aber
haucht ihr Leben aus mit lusterfülltem Amen

Liebe wird vollkommen
wenn
Du im Anderen Dämonen wie
die Engel liebst

# SENRYUSAMMLUNG

eine Frau sieht rot
kein Liebesrot lauf Mann lauf
sonst frisst sie Dich auf

in Leder und Lack
Peitsche in der linken Hand
Wohltätigkeitsball

Dreizehnsiegelbuch
Ich dachte Dich zu kennen
Baron Münchhausen

Brustwarzen schwellen
Mamillengestöhne laut
saug' Dich fest an mir

Buchstabensuppe
Essen erzählt Geschichten
hässlicher geht's kaum

sie schlug in Rom ihn mausetot
vorbei nun war die große Not
am dritten Tag erstand er auf
stieg suchend auf 'nen Baum hinauf
sie floh im gelben Gummiboot

HAIKUSAMMLUNG


Glockenblumenlied
Mohnblumenrausch Lavendel
und Nelkengesang


                    blutroter Himmel
        sterbende Nacht Morgentau
                glänzt in der Frühe


verschleierte Nacht
Trauer fällt vom Himmelszelt
die Erde trägt Schwarz


                    die blaue Blume
        am Wegesrand blüht sie mir
            im Kleid aus Hoffnung

## ALLES IN EINER NACHT
(Eine surreale Geschichte)

Als Annika abermals ausgezogen ausging, arrangierten abergläubische Adelige Achterbahnfahrten. Beamte brachten Bademäntel, bunte Bänder, Blumensträuße. Chromosomenfäden changierten, Diözesen donnerten dunkle Drohungen.

Elfmeter, Elfmeter!
Figurbetont flatterten Formen, galante, glatzköpfige hohe Herren hüstelten, Igor jodelte kleinlaute Kammertöne, Lippenstifte malten Nougathäppchen.
Ohrenbetäubende Popmusik pausenlos, quälend.
Rauchschwaden raunten singend talwärts, Tobi tätschelte traurige Totenschädel und Ute verführte Vaters Vogelvetter wohlwollend, Wolken wirkten Wunder.

Xanthippen, Ypsiloneulenaugen!
Zinnoberrote Zinnsoldaten zählen Zankäpfel.

## (ALB-)TRAUMFRAU

Meinen Traummann habe ich vor langer Zeit ertränkt.
Wir lebten nebeneinander her, selbst wenn wir uns liebten, war jeder allein. Nachts verließ er unser Lager. Um einschlafen zu können, braute ich einen Sud aus wilden Kräutern, hoffte auf Träume, deren Erfüllung mein Dasein erhellen würden, doch träumte dunkel und tief - selbst am Tage.
Der Mann meiner früheren Träume tagträumte, was seine Nächte versüßte, derweil ich im Nichts verweilte.

Vor dem Einschlafen höre ich einen Ruf, den der Einsamen.
Ich stelle meinen Sud beiseite, laufe barfuß im Nachtgewand einer Stimme entgegen.

Jetzt steh ich neben Dir, meine Finger fahren mit leichtem Zittern durch Dein Haar, Du bemerkst mich erst gar nicht, so sanft bin ich Dir, drehst Deinen Kopf zu mir, ringst Dir ein leicht missglücktes Lächeln ab.
Auf Deiner Stirn steht geschrieben:
Traumfrau gesucht
Du wischst das letzte Wort aus, grinst breit.

„Bist Du sicher? Gewiss mag ich Deine Gefährtin sein, Dir folgen in einen Traum. Ich träume dort immerfort Süße für Dich, Glanz und Glück, Du immerzu meine unvergängliche Dunkelheit.
Willst Du das?"

## BESUCH

Die Tür öffnete sich zaghaft, Marieke spürte eisige Kälte an den Füßen, die ihr langsam die Beine hochkroch. Der ungerufene Geist, der sie besuchte, war ihr nicht fremd, und doch gab er sich nie ganz zu erkennen. Marieke kauerte mit ihrem Kater auf dem Sofa, die Decke um ihre Schultern gelegt, starrte in die Kerzenflamme.

Langsam veränderte sich das Licht im Raum, alles schimmerte, der Geist, sie spürte zu ihm eine tiefe Vertrautheit, streichelte ihre Wangen, begann zu reden:

„Weißt Du, als Du an meiner Seite saßest, um langsam Abschied zu nehmen, war ich zu schwach, um Dir sagen zu können, wie sehr ich Dich liebe".

„Mutti" sagte Marieke, ihr wurde warm.

## AN DIE TRAURIGKEIT

Der Raum in dem ich sitze, wird zusehends enger, mir ist kalt, kein Zittern kann das wärmen.

Die Zigarette schmeckt anders als sonst. Genussrauchen: Fehlanzeige und doch sauge ich den leicht bitteren Rauch ein, hauche ihn aus, starre ihm nach, bis er sich auflöst im Nichts. Will ihm folgen, doch gelingt es nicht.

Manchmal gelingt mir nichts.

Wände, die Decke werden beweglich, nein, ich lass mich nicht...

Packe Schlüssel ein, Tabak, Blättchen, Feuerzeug.

Lass uns in die Nacht ziehen, ich trage Dich wie ich Dich durch alle Leben schon in mir trug. So wenig wie heute liebte ich Dich noch nie.

Es ist ungewöhnlich laut auf der Straße, die wir so oft gehen. Bässe, früher fühlte ich sie so gern im Bauch, bleiben im Kopf stecken, dröhnen. Hoffentlich hältst Du sie aus. In der Nähe gefeiert, ein Fest, wie ich Feste nicht mag. Betrunkene überholen uns lachend, schwankend. Hab keine Furcht, ich bin bei Dir.

Schweigend wandeln wir über Asphalt, es fühlt sich an, als würden wir schweben.

Landen im Irgendwo. Schau nur die Nachtkerzen: wie schön sie noch blühen in dieser kühlen, sonnenarmen Zeit.

Wir ziehen weiter, unzertrennlich, ich fühle Dich kleiner, Dein Übermächtiges kommt zur Ruh.

Prinz Holzbein, ein hässlicher Mann in seinen schlechtesten Jahren, lebte im Märchenland hinter der Welt, sein Körper war über und über mit dickem schwarzen Fell überzogen, das Laufen fiel ihm mit seiner Beinprothese nicht gerade leicht, der Höllenhund hatte ihm ein Bein abgebissen, als er von zu Hause fortgehen wollte, um die Welt zu finden, von der er seit Langem immer wieder träumte. Seiner Heimat konnte er nichts Gutes abgewinnen, er wohnte allein in einem Palast aus Eisen, in dessen Garten es riesige Teiche zu bestaunen gab. Sie waren mit schwarzen, faulig riechenden Blumen umpflanzt, die nach ihm schnappten, wenn er versuchte, sich dem Wasser zu nähern.

Der Prinz war ein sehr trauriger Mensch, seine Gestalt glich den Pflanzen in seinem Land, denen niemand ins Gesicht sehen konnte, so tief hingen ihre Köpfe herab.

Eines Nachts, er saß auf der Ofenbank im blutroten Salon, hörte er ein Geräusch, das ihm fremd war, seine Neugier weckte.

Er lief aufgeregt zur Tür um nachzusehen, was in seinem Garten Wundersames geschah und erblickte ein singendes Mädchen auf der Mauer, die vor vielen Jahren von seinem Ur- Ur- Urgroßvater rund um den Palast erbaut worden war. Der Gesang klang wehmütig, dunkel. Das Mädchen wagte einen Sprung von der Mauer in den Garten, Prinz Holzbein humpelte auf sie zu. Für das Mädchen war in der Dunkelheit nicht zu erkennen, wie hässlich er war. Sie begrüßten sich kühl und begannen eine Unterhaltung, bei der sie sich immer vertrauter miteinander fühlten. Der Prinz erzählte ihr von seiner Einsamkeit und dass er noch nie geküsst worden sei.

Frida, so hieß das Mädchen, hatte vor vielen Jahren ihrem Freund ein Messer ins Herz gerammt, da sie gesehen hatte, wie er mit ihren Schwestern herumalberte und lachte, erzählte sie dem Prinzen. Lachen war ihr fremd, sie hatte danach nie wieder einen Jungen angeschaut geschweige denn geküsst. Prinz Holzbeins Traurigkeit hatte etwas Rührendes an sich, Fridas Herz überschlug sich sieben Mal, und ehe der Prinz begriff, was geschah, hatte Frida ihm die Unterlippe aufgebissen, so hatte sie ihren Freund auch immer geküsst.

Prinz Holzbein fiel in einen tiefen, dreizehnjährigen Schlaf.

Als er erwachte, spürte er ganz deutlich, dass Schilf seine Haut berührte, was ihn beunruhigte und ängstigte. Ein fremdes Gefühl für ihn.

Seine Haut war glatt, grün wie Gras, hatte alle Haare verloren.

Fridas Kuss, an den er sich schwach erinnerte, hatte ihn verzaubert, seine Wahrnehmung verändert.

Es regnete, gelbe, wunderbar duftende Blumen, denen er ins Gesicht schauen konnte. Sie lächelten ihn an. Der Prinz wunderte sich, als er aufstehen wollte, über seine Beine: Es waren vier an der Zahl. Nicht weit entfernt erblickte er einen kleinen, gemütlichen Teich und dachte an die schwarzen, schnappenden Blumen zurück, wagte sich vorsichtig hüpfend weiter, ihn verwunderte, dass die Blumen am Wasser ihm freundlich gesonnen waren. Keine schnappte nach ihm. Vor Freude darüber hüpfte er ins Wasser, zum ersten Mal in seinem Leben war er geschwommen. Auf der anderen Seite des Teiches angekommen, sah er eine hübsche Froschdame, die ihm zuwinkte.

Die beiden verliebten sich ineinander, Küsse, die sie tauschten, fühlten sich warm, weich und feucht an, nachts paarten sie sich, ihr Nachwuchs war zahlreich.

## LINA, DAS MÄDCHEN, DIE KATZE UND DER DÄMON

Es geschah in der Nacht klirrender Kälte, selbst die Mokkatässchen im Schrank schienen zu frieren, klapperten bibbernd auf den Untertassen.

Lina wachte auf, rieb sich die Augen, fasste allen Mut zusammen, die Geräusche, die sie wahrnahm, machten ihr ein mulmiges Gefühl im Bauch, barfuß, im Nachthemd lief sie in die Küche, um nach dem Rechten zu sehen.

Was sich ihren Augen bot, war herzzerreißend, die Katze im Korb neben der erkalteten Feuerstelle blickte sie vorwurfsvoll an, schlief schon seit Wochen nicht mehr bei Lina, die ihr zu laut und wild träumte, in einem Bett, und dann die hilflos klappernden Tassen, also legte sie Holz auf, dazwischen altes Zeitungspapier und entfachte das Feuer in der Hoffnung, dass mit ihm Ruhe einkehren würde, doch alles kam anders.

Die Flammen im Kamin, die Lina so gern' beobachtete, wurden schwarz, kälter als Eis, das Porzellan zersprang, die Katze floh knurrend ins Schlafgemach, eine gesichtslose Gestalt stieg aus dem Rauch, schwebte unter der Decke, dämonisches Gelächter dröhnte durchs ganze Haus und es war Lina, als würden sich Hände um ihren Hals legen. Sie schrie laut in sich hinein, auf Hilfe in dieser verlassenen Gegend war nicht zu hoffen.

Nach gefühlten Ewigkeiten, auch wenn es real ungefähr sieben Sekunden dauerte, hörte der Spuk auf, Tassen und Untertassen setzten sich zusammen, das Feuer wärmte, Lina ging erleichtert zu Bett im Glauben, sie hätte alles nur geträumt, die Katze legte sich ans Fußende, beide schliefen ein.

Lina liebte ihr einfaches Leben in der Einsamkeit, wachte früh am Morgen auf, Sonnenstrahlen lugten durch die Fensterläden, die Katze gähnte verschlafen, es war Zeit, um zu frühstücken. Als erstes bekam das Tier zu essen, das Kaffeewasser im Kessel, der nun flötete, wurde in eine mit handgemahlenem Kaffeepulver befüllte Kanne gegossen, die junge Frau machte sich frisch im Bad, als sie damit fertig war, genoss sie ihr erstes Frühstück, mehr als drei große Tassen Kaffee brauchte sie dazu nicht.

Lina lebte, seitdem sie sich erinnern kann in dem alten Haus, ihre Eltern waren kurz nach ihrer Geburt bei einem Autounfall ums Leben gekommen, erzählten ihre Großeltern, die das Mädchen zu sich genommen hatten und liebevoll aufzogen. Als Linas Großvater krank geworden war und ihre Großmutter es nicht allein bewältigen konnte, sich um Mann und Haushalt zu kümmern, gab die junge Frau ihren Beruf als Bibliothekarin auf, pflegte den alten Mann, danach auch ihre Großmutter, die nach dem Tode ihres Mannes kränkelte, bis zu ihrem Ende.

Das Haus und eine beachtliche Geldsumme wurden Lina vererbt, sie hatte sich entschlossen, nicht mehr zu arbeiten, ihr Erbe würde viele Jahrzehnte reichen, um ihr ein einfaches Leben zu ermöglichen, monatliche, großzügige Spenden für das örtliche Tierheim und einen Gnadenhof ganz in der Nähe eingeschlossen.

Es war bereits Abend, Lina saß mit ihrer Teetasse in der Hand auf der Küchenbank und spürte Präsenz eines Wesens, das sie nicht sehen konnte, ihre Katze strolchte derweil durch die Nacht. „Wer bist Du?" flüsterte sie, „warum bist Du hier?"

Eine Mädchenstimme antwortete: „Ich bewohne dieses Haus seit einhundertfünfzig Jahren, meine Brüder haben mich als kleines Mädchen oft geschlagen, mich auf vielfältige Art und Weise misshandelt. Als unsere Eltern für ein Wochenende fort waren, wollten sie all das wieder mit mir machen, ich hatte mich lautstark gewehrt, sie getreten und gebissen, doch schafften sie es, mich zu schlagen, bis ich ohnmächtig wurde, schleppten mich in den Wald und banden mich, nachdem sie mich geknebelt hatten, an einen Baum, entfernten sich lachend. Es war eine bitterkalte Nacht und ich erfror. Am Tag danach kamen sie, nahmen mich mit. Sie schlugen ein tiefes Loch in den Kellerboden unseres Hauses, legten mich hinein, Ziegelsteine und Erde deckten mich zu."

Lina stockte der Atem, sie fragte das Mädchen, langsam nahm es Gestalt an, warum sie denn noch hier sei, bekam als Antwort, bevor sie ins Licht gehen konnte, hielt ein Dämon sie hier gefangen, er war ins

Haus gezogen, nachdem ihre Familie verstorben war. „Er will auch dich, sei auf der Hut."

Dann wurde es still im Haus, Lina grübelte, was tun? Wie sich schützen, dem Mädchen helfen, endlich ins Licht zu gehen? Sie ging wie in Trance zum Tisch, griff zum Brotmesser. Dämonisches, ohrenbetäubendes Lachen, das durch den Raum hallte, fuhr ihr durch Mark und Bein, eiskalte Hände legten sich um ihren Hals. „Du bist stark, hab' keine Angst," schrie die Stimme in ihrem Kopf.

Sie stieß das Messer in den Bauch des riesigen Wesens, das fürchterlich zu kreischen begann, nicht mit Gegenwehr gerechnet hatte. Lina sprang auf den Tisch, von hier aus schaffte sie es, ihm die Augen auszustechen, schwarzer Rauch stieg auf, der mit lautem Getöse durchs offene Küchenfenster entschwand, Lina verschloss es, sank zu Boden.

Als sie erwachte, spürte sie eine Hand an ihrer Wange. Eine Mädchenstimme sagte Dankesworte, weißes Licht leuchtete auf.

Lina nahm ein Kratzen an der Tür wahr und öffnete. Vor ihr stand die Katze mit erhobenem Kopf, eine Maus zwischen den Zähnen.

## DIE GESCHICHTE MIT EDDI

Irgendwann war Eddi dann fort, die Vergessenheit hatte sich, da es Niemanden kümmerte, seiner angenommen, geweint um ihn wurde nicht.
Vielleicht war er gestorben, wer weiß, wenn ich ihn tot gefunden hätte, würde ich ihn gerne verbrannt haben, das jedoch wäre ein schwieriges Unterfangen gewesen, denn obwohl ich gern zündelte, waren Streichhölzer mir verboten.
Dann trat Schuli in mein Leben, das tote Mädchen aus dem Kaufhaus, in der Hand ihren Teddybären, den sie trotz ihres Zustandes nie los ließ und ich dachte an Eddi, den ich in der Vergessenheit vergessen hatte und daran, dass er mich verließ, durchleuchtete alle Erinnerungen an ihn, doch es war, wie durch Nebel zu irren, ich weiß nur noch, seine Augen waren braun.

## (M)EINEM PRINZEN

Was Dich zu mir geführt hatte, weiß ich nicht.
Als Prinz fuhrst Du vor, ich lebte in einer kleinen
heimeligen Wohnung, die mir und den Katzen genug
war.
Ich sei zu Höherem geboren, bemerktest Du bald,
beschenktest mich mit seidenen, eleganten Kleidern,
dem dazu passenden Darunter, glättetest meine raue
Sprache.
Wir aßen von goldenen Tellern das Edelste, tranken
Champagner statt Billigwein aus dem Tetra - Pack.
Am liebsten hattest Du mich, wenn ich im goldenen
Käfig saß und Dir Küchenlieder sang.
Im Laufe der Zeit mutierte ich zu Deiner Prinzessin, es
gab sie nie wirklich,  jedoch hasste ich sie, am liebsten
hätte ich sie umgebracht.
Anstatt zu sterben beschloss ich, als Du wieder einmal
auf Geschäftsreise warst, sie für Dich, nur für Dich
sterben zu lassen, schlüpfte in meine alte Jeans, zog
einen schwarzen Pulli darüber und erkannte mich
kaum wieder, das jedoch war fürs erste egal.
Ich wollte mein Schloss aus Gold und die seidenen
Kleider verkaufen, vom Erlös eine kleine Hütte aus
Holz erwerben, sie im Wald aufbauen lassen.
Also schrieb auf einen Zettel, „die Prinzessin ist tot,"
legte ihn auf den Fußboden, packte die Katzen in
meinen Rucksack und zog mit ihnen fort.
Nachts, wenn der Mond am Himmel thront,
Baumblätter knistern und Sterne auf den Waldboden
regnen, tanze ich - nur für mich.

RITUAL II

Er rannte zurück zum Schauplatz...
Noch einen Blick in ihr weißes Gesicht, farblich passend zu dem Kleid, das sie trug, als er sie ein letztes Mal umarmte, tiefer küsste als jemals zuvor!
Diesen Ort besuchte er jede Nacht, ihm war, als erwartete sie ihn.
Ihre Augen waren weit geöffnet, die blutende Stelle, an welcher ihr Herz ihm schlug schwieg, das Messer darin, er zog es vorsorglich heraus, hätte ihn verraten können.
Sie liebte böse Spiele an sich, je brutaler, desto erregter wurde sie dabei. Ihre Lust war ihm anfangs unheimlich, seine Freude daran, ihr diese zu stillen, machte ihm Angst, gleichzeitig spürte er dabei ein wohliges Empfinden in sich, wie er es vorher nie gekannt.
Ihren letzten Wunsch, für immer die Augen zu schließen durch seine Hand, erfüllte er ihr mit Freuden, liebte er sie doch über Alles.

Es riecht nach frischem Kaffee. Sie tupft ihm den Schweiß von der Stirn, ihr Kleid ist schneeweiß...

## SCHWESTERN UND ZUCKERGUSS

Tante Lina und Onkel Franz erzählen oft und lange von einem Waisenhaus in Holland und einem Mädchen namens Leila. Schön, scheu und braun soll sie sein, schwarzhaarig. Ich wünschte mir schon immer so auszusehen, bin glücklich, dass ein Mädchen verkörpert, wie ich nie – niemals aussehen werde. Täglich mindestens einmal betrachte ich meinen Leib, um Verdunklungen zu entdecken. Gebe nicht auf: überhaupt jetzt nicht, da ich weiß, dass Mädchen wirklich so ausschauen können.

Meine Schwestern kann ich nicht ausstehen: eine kann noch nicht sprechen, die andere versucht ständig, mich meiner Unordentlichkeit zu berauben, die ihr in dem Raum, den wir als Kinderzimmer teilen müssen, immer unerträglicher wird.

Tante und Onkel haben keine eigenen Kinder – nur ein Goldkind, so nennen sie mich gern.

Langsam beginne ich, Leila als meine goldene Schwester zu lieben. Umarmungen, Kinderküsse und Liebesgrüße vermitteln Onkel und Tante dem Goldkind von seiner schönen Schwester und umgekehrt.

Warum bringen sie dieses Mädchen nicht nach Ickern? Warum holen sie Leila nicht raus aus ihrem Kindergefängnis?

Die Grüße werden seltener, Umarmungen flüchtig. Irgendwann nach Jahren ist meine Lieblingsschwester Leila fort.

Von Leila verlassen worden zu sein schmerzt. Bis zur Erschöpfung suche ich jede Nacht nach ihr – die Vergeblichkeit verjage ich durch Schreie.

Irgendwann, nach durchsuchten Nächten, quälenden Jahren entscheide ich mich, ohne sie glücklich zu leben.

Leila lebt jetzt glücklich oder traurig – irgendwo.

Es regnet. Dünnfädig rieselt himmlischer Guss in mein kaltes Gesicht. Beinahe ununterbrochen regnet es seit Längerem Tag und Nacht. Als Radfahrerin, ich fahre jeden Tag, ordne ich es ein unter Zuckerguss. Laut singend trete ich die Pedale.

Besonders scharf weitsehen kann ich nicht. Da ich mir angewöhnt habe, meine Brille, wenn ich draußen im Regen Rad fahre, in meine ausgebeulte, halb abgerissene Jackentasche zu stecken, sehe ich jetzt nicht viel mehr als meine blau gefrorene Hand.

Was ist das für ein roter Punkt vor mir? Warum beschleunigt sich der sowieso schon schnelle Rhythmus meines Herzens? Sonst habe ich nie Herzrasen beim Anblick roter Punkte! In was wird er sich verwandeln, wenn ich ihn erreicht habe? Ich beginne zu fiebern.

Beim Radfahren schlafe ich nie – komme mir trotzdem vor wie aus traumvollem Schlaf gezerrt: ganz nah herangekommen ruht mein Blick auf einer schlanken, zitternden Frau in einem sehr roten Kleid. Wer hat im November ihr das Winterkleid, Strümpfe und Schuhe gestohlen? Sie in nichts als einem roten, weiten Kleid aus dem Haus geworfen?

Das triefende, schwarze, sehr lange Haar verbirgt ihr Gesicht, das hoffentlich vom Regen noch nicht abgewaschen wurde. Hilf- und kopflos stehe ich lange vor dieser frierenden fremden Frau. Mit ihrer Spinnenhand streicht sie das in ihrem Gesicht klebende, klatschnasse Haar zur Seite...

Langsam erkennen sich zwei, die nur gehört hatten voneinander, die sich gegenseitig Kinderküsse, Liebkosungen, Umarmungen durch Onkel und Tante haben zukommen lassen.

Leila ist kalt, steif und spröde: Wie Eiszapfen. Auf mageren Armen trage ich sie, vorsichtig und stundenlang. Nun sind wir in meiner Wohnung, unsere Stimmen haben wir draußen im hellbraunen Schlamm verloren.

Im Schaukelstuhl sitzt Leila vor dem Kaminfeuer. Ihre Wangen beginnen zu glühen, das halb erfrorene Gesicht taut auf, lässt weiche Züge, Schmerzspuren, sehr feine, erkennen: Geliebtes, zu wenig, viel zu wenig gestreicheltes Gesicht – denke ich.

Feuer kindlicher Erinnerungen machen unsere Augen leuchten. Ich bück' mich zu ihr herab, erlaube ihren Fingerkuppen einen Tanz auf meinem Gesicht, sie lässt zu, dass mein Blick ihr langes Haar streichelt.

Langsam erhebt sie sich, lässt den Stuhl durch einen Schubs allein schaukeln. Dicht steht sie vor mir. Ihr auf meiner Haut brennende Blick wird mir unangenehm, langsam wende ich mich ab, tapse auf wackeligem Fuß ins Badezimmer.

Eine warme Dusche, wir brauchen eine warme Dusche, denke ich, während ich den seit langer Zeit tropfenden Wasserhahn aufschraube. Mit umständlichen Bewegungen beginne ich mich zu entkleiden, steh' nackt im Nebel. Eine weiche Hand legt sich von hinten sanft auf meine Schulter. Sehr langsam drehe ich mich um... bekomme so weiche Knie, dass Leila mich halten muss, denke, nicht mehr leben zu können: Wo aber sterben?

Sie trägt mich ins Bett, wir kuscheln uns aneinander. Endlich wage ich einen ruhigen, langen Blick in ihre Bernsteinaugen: Ort, in welchem ich sterben will!

Heute, mein Bett ist besonders zerwühlt, finde ich mich, kniend auf der Suche nach einer Hautschuppe von ihr, meiner goldenen Geliebten.

# DIE TREPPE IM PARK

Der Park, den ich durchwandere mit seinen majestätisch anmutenden Bäumen, ihr Blätterdach lässt den Himmel nur erahnen, ist uralt, vertraut, auch wenn ich ihn noch nie zuvor besucht hatte.

Die Stimme in mir flüstert Unverständliches, doch je mehr ich mich auf sie konzentriere, um so verständlicher wird, was sie mir zu sagen hat: „Vertrau Deiner Intuition, geh', wohin sie Dich führt."

Ich lass' mich leiten, laufe stundenlang weiter, über mir springt ein Eichhörnchen von Ast zu Ast, ich höre einen Specht klopfen, Eulenrufe, in der Ferne das Rauschen eines Baches. Meinem unbekannten Ziel komme ich näher verrät mein vor Aufregung beschleunigter Herzschlag.

An einer nicht von Blättern beschatteten Stelle grünt eine satte Wiese. Hier treiben Feen ihr Spiel, lachen hell, Kobolde spielen Verstecken, ich werde aufgefordert, nach dem Kleinsten von dem lustigen Grüppchen zu suchen, lass' mich nicht lange bitten und beginne meine Suche, rufe seinen Namen, den ich nicht verraten darf. „Warm, kalt, kälter, heiß, ganz heiß" tönt es von Weitem.

Plötzlich schweigt alles, mir ist, als sei ich taub. Was um alles in der Welt geschieht, wo bin ich, was soll ich hier? Eine Treppe aus Kopfsteinpflaster, teilweise moosig geschmückt, zieht mich an, meine Augen folgen der Treppe, sie scheint ins Nichts zu führen.

Ich steige, wie lange weiß ich nicht, unzählige Stufen hinauf, ein mystisches Wesen bewacht grimmig dreinschauend etwas, das ausschaut wie ein schwarzes

Loch oder ist es gar ein Eingang zu...? Was es auch sein mag! Mutig, erhobenen Kopfes geh ich weiter, vor der Dunkelheit fürchte ich mich lange schon nicht mehr.

Ich verliere mein Gefühl für Zeit und Raum, sehe mich auf einem mittelalterlich anmutenden Marktplatz Holz zu einem Scheiterhaufen stapeln, in dessen Mitte ein Pfahl steht, an den eine Frau mit kahl geschorenem Kopf und völlig nackt  gebunden ist, ich bin männlich, das erkennst Du an meiner Kleidung.

Um den Scheiterhaufen schart sich der Dorfmob, es wird gesoffen, die Menge grölt: „Die Hexe soll brennen." Abseits der wütenden Meute steht ein kleines Grüppchen ärmlich gekleideter Frauen mit angsterfüllten Augen.

Ich entzünde das Feuer, die Menge jubelt mir zu, das einzige, was ich jetzt noch höre sind Schreie, die ich im Leben nie vergessen werde, die Hexe brennt lichterloh.

Ich erwache aus tiefer Trance, eine alte Kutsche, gezogen von schwarzen Pferden, ihre Schönheit ist umwerfend, hält auf dem Dorfweg, Staub wirbelt auf, ich brauche etwas Zeit, um durch ihn hindurch sehen zu können, dann erst erkenne ich – mich.

Ein Mann im Talar ruft: „Sie soll aussteigen, zieht ihr die Kleider aus, bindet sie, die rechte Hand an den linken großen Zeh, die linke Hand an den rechten, werft sie aufs kalte Wasser, dreimal, Zauberinnen sind leichter als unsere Frauen, des Teufels, wenn sie schwimmen. Geht ein Weib niederwärts, so will sie ihrer Natur nach gerne an untersten Orten sein!"

Meine Peiniger sind in ihrer Beweisführung genau, stoßen, als ich auf dem Wasser liege, mit eisernen Stangen nach mir, drücken mich in die Tiefe, meine

Ohren laufen voll Wasser, irgendwann spüre ich nichts mehr, bin gestorben.

Wieder erwache ich, sitze auf der untersten Stufe der Treppe, die ich gegangen war, auf meinem Arm ruht die kleine Hand des Koboldes, den ich nicht gefunden hatte. Sein Blick ist ängstlich als er mich fragt: „Warum weinst Du?"

leise fällt der Tag ins Wasser
an diesem friedlichen Ort
wir halten uns

mit geschlossenen Augen
geblendet vom Abendlicht
fliege ich mit Dir
himmelwärts…

## ÜBER UNS

Im Jahre 1976 wurde ich geboren. Mein Name ist Sascha Mäder und ich begann vor ungefähr 25 Jahren mit dem Schreiben. Zuerst waren es Tagebucheinträge, seit 1996 konzentriere ich mich hauptsächlich auf Gedichte und Kurzgeschichten, wobei auch diese sehr viel mit meinem eigenen Leben zu tun haben. Vieles aus meiner Kindheit habe ich mir bis heute bewahrt, was man in einigen Worten auch lesen kann. Kindheitsgedanken, Freude, Trauer, Liebe, Erwachsen werden und Gefühle jeder Art stehen in diesem Buch geschrieben.

Einige meiner Gedichte sind in der Anthologie „4 Jahreszeiten" zu lesen, an der ich mitgewirkt habe.

Mein Name ist Gaby Michels, 1955 erblickte ich das Licht der Welt, lebte mit meinen Eltern 2 Jahre in Ickern, einer Stadt im Ruhrgebiet, als meine zweite Schwester (heute sind wir zu Dritt) unterwegs war, zogen wir in eine andere Stadt. Dort lebe ich noch heute zusammen mit den Katzen und Sascha.

Zu schreiben begann ich Anfang der 1980er Jahre. Es waren kleine Verse, die ich Geschenken für Freundinnen beifügte.

Es folgte Kummerlyrik in einer schwierigen Lebenslage. Sie machte es mir leichter, durchzustehen, was durchgestanden werden musste.

2015 hatte ich begonnen, meine Texte auf Facebook zu veröffentlichen. Mut dazu machte mir ein schriftstellerisch tätiger Freund, mit dem ich heute mein Leben teile.

Es folgte eine Mitwirkung in den Anthologien

„50 herzliche Gedichte" sowie

„4 Jahreszeiten", Gemeinschaftsprojekte verschiedener Autorinnen und Autoren und anderen Künstlern und Künstlerinnen, die Anthologie „Langsam hebt sich der Vorhang" – in ihr werden Gedichte illustriert dargestellt.

Aus Freude am Schreiben und weil ich gern experimentiere, habe ich begonnen, kurze Geschichten zu schreiben, an anderen lyrischen Formen wie z.B. Limericks oder Haikus sowie Senryus zu arbeiten.